CUERPO HUMANO

Carlos Javier Morales

CUERPO HUMANO

RENACIMIENTO

www.editorialrenacimiento.com

POLÍGONO NAVE EXPO, 17 • 41907 VALENCINA DE LA CONCEPCIÓN (SEVILLA)
tel.: (+34) 955998232 • editorial@editorialrenacimiento.com

Diseño de cubierta: Equipo Renacimiento

DEPÓSITO LEGAL: SE 1062-2024 • ISBN: 978-84-10148-42-0
Impreso en España • Printed in Spain

PREFACIO

CÁNTALE al mar, poeta,
lo mucho que has soñado
lejos de sus orillas.
Cántale porque hoy
la realidad es más alta y más profunda.
¿Cómo podrás decirla sin su música propia?

No encontrarás palabras
para expresar lo mucho que te ofrece
la realidad, al lado de tus sueños.
Deja de imaginar mundos posibles
y lánzate a las aguas que no ha manchado nadie.

Verás cómo el amor, en cuerpo y alma,
vendrá hoy a acompañarte por caminos
que nadie ha transitado.

Solos los dos, amantes,
sabréis bien quiénes sois
y haréis el mundo nuevo
que seguirá cantando por sí mismo.

I

NUESTROS CUERPOS

LUNA INSULAR

LUNA que me acompañas
en las noches más solas de mi isla,
lámpara de mis montes y mis costas,
que me dejas flotando en el océano,
ilumina mi cuerpo solitario,
mi cuerpo deseante,
que busca en lo profundo de las aguas
y en el piso más alto de los cielos
su habitación más íntima.

Luna que me acompañas esta noche,
tú sabes bien que toda intimidad
es cosa propia y cosa de dos cuerpos
humanos que se aman y se buscan
hasta encontrar a Dios en lo más hondo
de cada uno. Ayúdame a encontrar
el cuerpo amado, el cuerpo de los dos.

Luna que me acompañas esta noche
y proyectas tu cuerpo entre las olas,
si mañana te vas, nunca permitas
que me quede aquí solo.

INSOMNIO

El nervio de mi carne busca la piel del mundo
en esta noche inmensa. Ya no basta
poseer una cama ni un amplio dormitorio
en medio del abismo.

En medio del abismo sólo un mundo,
con su tierra y su cielo,
su mar y su llanura y sus montañas,
podría sostenerme hasta otro día.
Pero un mundo real: un cuerpo vivo
que tiene frío y busca
el mundo de otro cuerpo.

Un mundo como el tuyo, en cuyas venas
borbotean la sangre de los astros,
las olas de las playas,
la fuente que aplacase mi sed íntima,

el terso paraíso que busco con los dedos,
el cielo que besara con mis labios.

El nervio de mi carne busca la piel del mundo,
del mundo que mi mundo necesita
para tocar la piel del Universo.

COMPLETUD

En una isla un hombre siempre puede
mirar de frente el mar, la tierra, el cielo:
sólo me faltas tú en esta isla.
¡Qué mundo ya completo cuando vengas!

LA CANCIÓN DEL MAR

CUANDO escucho la música
que da ritmo a tu vida y a la mía,
deseo abandonarme en su destino.

Todo el cuerpo me tiembla;
me tiembla el corazón por tanta dicha
al escuchar de cerca tus latidos;
tiembla mi ser entero porque sabe
que nunca ha merecido tanto gozo,
porque sabe que toda esta armonía
ha de tener un fin, como lo tienen
casi todas las cosas de este mundo.

La música es el mundo que se abre
durante unos minutos
y ha de cerrarse entero.
¡Qué frágiles el arte y nuestra vida!
¡Qué frágil lo mayor, lo más sublime!

La única promesa verdadera
es la canción del mar,
que nunca acaba.

MATERIA Y FORMA

Al fin el pensamiento rompe a cantar seguro
de la música interna que nos mantiene vivos.
Al fin el pensamiento se hace cuerpo
que necesita el roce de un cuerpo diferente
para entender el mundo.

Mira las olas de este mar de fondo:
cómo se elevan por la superficie,
cómo suben y avanzan
sin miedo de romperse y deshacerse
buscando nuestros cuerpos en su espuma.

¡Qué distintas las olas de hoy en esta playa
a la idea de olas que hasta ahora tuvimos!
¡Qué distinta esta playa cada día
en que tú y yo nadamos en sus aguas!

Tan sólo es realidad lo que se toca:
lo que tocamos hoy o deseamos
tocar juntos un día.
Es realidad la idea que tenemos
tú y yo sobre nosotros
cuando este sol me guía por tu cuerpo.

Es realidad la idea que tenemos del mundo
cuando al fin nos besamos.

LUZ DEL ALBA

Ve entrando, paso a paso,
en la profundidad del nuevo día.
Fíjate en el camino que se aclara
y otorga claridad a tu futuro.

La playa, el sol y el cielo
son cuerpos que se ofrecen,
en todo su espesor y su textura,
a tu cuerpo del todo enamorado.

El amor que ensanchó tu pecho noble
quiere ensancharse ahora por el mundo.

La gracia de la unión que has recibido
aspira a unirte a todo lo creado.

Tus ojos ven que todo,
desde el volcán inmenso de tu isla
hasta las buganvillas del paseo,
es igual de infinito
que el mar a donde entras.

Tu pobre corazón palpita en lo infinito:
cualquier caricia tuya
es un acto de amor al Universo.

El que ha hecho la playa
y el sol que te ilumina,
el que ha hecho tu cuerpo,
sabe bien lo que hace.

Camina y sigue entrando, paso a paso,
en la profundidad del seno eterno.

MEMORIA DEL PRESENTE

> «Sí, tu niñez: ya fábula de fuentes».
>
> JORGE GUILLÉN
> (recreado por García Lorca)

Ni mi niñez ni fábula de fuentes:
mediodía sin techo y sin cristales
donde respira el mundo su amor indivisible.

A tu edad y a la mía ya no importa
lo que hayamos perdido. Sólo una
verdad es necesaria: tu rostro ya desnudo
ante la luz más pura del verano;
tu pecho inmensamente
abierto al gran latir del universo;
las piernas con que guardas
el secreto que nunca se desvela del todo,
aunque siempre me atrae con más fuerza
para entregarme entero
en medio de la tierra, del cielo, de ese mar
que nos espera al fondo de este valle.

Mediodía que canta el amor verdadero.
No recuerdo otra música.

UNIDAD

Ya vienes hacia mí:
mundo que se entreabre,
veredas infinitas
del agua subterránea,
que no se apagan nunca.

Ya voy viendo en tus ojos
la luz íntima y mágica
de todas las estrellas,
las líneas paralelas
que sólo en ti convergen,
el cosmos encendido
mirándome a la cara;
tu yo, tu yo más puro.

Ya estás aquí, a mi lado,
caudal interminable

que corre por tu pecho y por tus piernas,
me llama desde el centro de tu cuerpo
y me invita a nadar por tu corriente.

Ya estás aquí, conmigo:
dentro de ti y de mí
los dos estamos.

El mundo es todo nuestro.
El tiempo es nuevo
en la unidad ya plena.

ESPACIO DE ARMONÍA

Espacio de armonía
es tu cuerpo y el mío,
tendidos bajo el sol en nuestra playa.

Música que escuchamos
desde el mar, desde el cielo,
desde esta isla siempre deseosa
de una semilla nueva.

Entre tú y yo no hay nada
que pueda separarnos.
Entre tú y yo está vivo el Universo:
escucha cómo canta.

En tu rostro yo puedo
leer todos los libros.
Y por tu boca van resucitando

los poetas antiguos y modernos
con la voz personal de cada uno
y con tu voz más íntima
hablándome al oído.

En tus pechos resuena
la melodía oculta que da vida
a Oriente y a Occidente,
a la tierra y al cielo.

Por tus muslos morenos
el barro de este mundo
al fin tiene la forma y el latido
con el que Dios me llama a su presencia
cada hora del día.

Y en tus brazos abiertos
me entrego totalmente a tu destino,
que es destino de amor
bajo la luz más clara.

Con tu boca me besas, nos besamos.
Un coro innumerable de ángeles y hombres
suena en nuestro silencio.

FUTURO

A partir de ahora mismo
dejaré de pensar en el futuro:

el futuro es presente junto a ti.

Tu corazón
vibra en tu cuerpo entero,
en tu cuerpo y el mío,
en toda la extensión del vasto mundo.

Lo demás ya no existe.

UNA MIRADA

Cuando me miras tú,
¡qué inmensa intimidad con lo creado!

El mundo tiene un rostro,
las aguas nos refrescan,
el cielo se hace luz de nuestra casa.

Cuando me miras tú,
se expande al infinito nuestro suelo.

Somos siempre de aquí.
Dame la mano:
no existen ya distancias.

ESTA CALA

Como me ves ahora,
casi desnudo, junto al mar,
así seguiré siendo hasta mi muerte.

En esta misma cala tomé el sol
cuando aprendí a nadar.
En esta misma cala vi bañarse
a papá y a mamá y a mis hermanas.
En esta misma cala he estado solo
o muy acompañado por personas que amé,
por las que sigo amando.
En esta misma cala he revivido
y sigo reviviendo mis mayores deseos.

Lo que aquí no he amado o recordado
estará ya olvidado para siempre.
Lo que aquí no he pensado

tendrá escasa importancia.
Lo que a aquí no he traído
será ya innecesario.

Como me ves aquí,
casi desnudo, junto al mar, contigo,
así será mi yo más duradero.

EL LUGAR

Dime dónde estás tú, en qué lugar de ti
puedo encontrar la fuente de tus lágrimas,
de tus tonos de voz, de tus sonrisas.

¿Es sólo el corazón, que no se ve,
la fuente de tu fuerza arrolladora?
¿Es lo que no se ve lo que ilumina todo?

¡Cuántas veces me he roto por las tardes!
¡Cuántas veces me cuesta recoger mis pedazos
y llevarlos a ti,
para que recompongas mi ser más verdadero!

No es posible estar juntos cada hora,
pero sí que es posible recordar y soñar
ese lugar de ti donde renazco.

Porque el cuerpo de un hombre
siempre busca otro cuerpo donde tocar el mundo.

¿Son tus labios, tus pechos o tu brazo extendido?
¿Son tus piernas
y todo lo que ocultan en su cumbre
la cumbre de tu ser, el lugar del contacto
entre tu yo y el mío,
entre nosotros dos y el Universo
que contemplo en tu rostro?

RELOJ

Eₗ tiempo de la vida es muy distinto
del tiempo del reloj. Que lo digan tus manos
cuando buscas mi piel cada mañana,
antes de levantarme,
y no consigues abarcarla toda:
sé bien que necesitas vivir un nuevo día
teniendo la certeza
de que yo también vivo con toda mi sustancia.

Océano dichoso es tu cuerpo extendido
cuando comienza el día y cuando acaba
para nosotros dos; no cuando mandan
los que aplastan el día y sus instantes
y quieren aplastarnos a nosotros
para que nunca más estemos juntos.

Verde pradera y árbol es tu cuerpo profundo:
fuente de los misterios en que surge la vida.
¿Cómo puedo escuchar tu sombra palpitante,
esconderme en tu adentro ilimitado,
bajar hasta tu centro,
escapar al horario que marcan los de afuera?

Mensajes y mensajes y mensajes:
reclamos en tropel que no me dejan
concentrar la mirada en la luz de tu rostro
y ver el mundo tuyo, el mundo nuestro,
el único que importa, el único que puede
dar vida al mundo entero.

LO ACTUAL

El presente es tan leve
como tu propio cuerpo entre las olas:
se mira y se desliza entre mis manos
ante cualquier caricia.

El presente se toca deleitable
casi sin darnos cuenta de que estamos
en la cumbre del mundo.
Es un tiempo tan claro en su pureza
que no se presta a graves reflexiones:
es vida tuya y mía,
conciencia de que estamos
en el lugar preciso.

El presente no pesa; lo que pesa
es el futuro imaginado:
cargar lo indefinido,

un mundo que aún no existe y ya me duele
con sus cien mil senderos sin final
por donde voy yo solo, siempre solo.

Sólo pesa el futuro.
Más aún el futuro razonado:
las soluciones infinitas
a infinitos problemas que no existen
y ya me están doliendo.

Pesa siempre el no-ser. La realidad,
lo que palpo en tu cuerpo aquí y ahora,
es un vuelo más alto, sí, más alto,
que siempre me libera.

MEDIODÍA

Luz de este mediodía,
ilumina mi vida a cada instante.
Mejor: ilumina la nuestra,
que hoy desea ser una para siempre.

Si tú, luz,
me descubres la piel adorable
de la persona amada;
si tú, luz,
me concedes hoy ver lo más hondo
de mi alma y la suya,
¿cómo no he de querer vivir siempre
en esta hora del mundo?
¿Cómo no desear habitar esta playa?

¡Tantos días y noches en que ha sido imposible
conocer que mi cuerpo y el suyo eran uno!

¡Tantos días y noches en que ha sido imposible
conocer qué hay detrás de su nombre!

Y si se hace de noche otro día,
que nosotros, al menos,
en el cuerpo, en el alma, en el ser que ya somos,
poseamos, oh luz meridiana,
este mismo fulgor.

PASEO

En el paseo vuelvo a ser un niño:
Rambla de Santa Cruz, feliz comienzo.
Y en el paseo vienes a buscarme
y toda soledad se hace leyenda.

En medio del paseo,
cuando por fin la vida me permite
vivir sin más, mirar el mundo en torno,
mirar la realidad sólo por serlo,
celebro la conciencia de estar vivo
para quien sabes bien.

Vaya solo o contigo,
el tiempo y el lugar de mi paseo
es el tiempo y lugar donde la vida
cobra la misma inmensidad del mundo.

Vaya solo o contigo,
en el paseo veo tu presencia,
tus ojos y tus labios y tu cuerpo,
con toda la verdad que tú atesoras
y que nunca aprehendo enteramente.

Vaya solo o contigo,
en el paseo eres tú y la tierra,
el azul de este mar y de este cielo,
la alegría y la pena de los otros,
lo que en verdad importa.

Porque en cada paseo la vida ya se cumple:
no importa cuándo empieza o cuándo acaba.
Sólo un camino para hacerlo juntos.

EL CAMINO

Para llegar a ti he atravesado ríos, muchos ríos,
y me he embarcado por distintos mares.

No sabes cuántos trenes he perdido
por seguir el camino hasta tu cuerpo.

Contigo ya aprendí, desde hace mucho,
que la vida es camino para llegar a ti.

Pero aún no he llegado.

NOSOTROS

Al mirar la textura de esta piedra,
su callada verdad tan innegable,
late mi corazón de amor por ti
y en mis ojos reluce tu hermosura.

Al tocar la resina de este pino,
la voz tan ancestral de su madera,
toco el mayor misterio de este mundo:
crece mi devoción por lo que existe.

Y al batirme en las olas de la playa,
siento inmediatamente que soy uno
con todo lo que miro y lo que palpo:
sobre todo, contigo.

Porque ni tú ni yo vivimos sólo
por la perfecta unión de las palabras

que expresan el mayor de los deseos:
tú y yo seguimos vivos, nos amamos,

porque siempre pisamos estas piedras,
miramos y aspiramos azahares
de la finca vecina; sumergimos
y unimos nuestros cuerpos en las aguas

profundas y bravías de este mar.
Este mar, que no sólo es elemento
del paisaje ideal de nuestra vida,
sino materia misma del vivir.

Pues sin materia el alma no respira.
Y sin luz y sin aire no habría cielo.
Y sin nosotros dos estas paredes
y este mar y esta tierra
                            serían otros.

MUNDO MORAL

En tu cuerpo,
de tu rostro a tus piernas
y hasta tus pies levísimos, bailando,
se une el mundo físico
con el mundo moral.

Porque el amor es uno y nos convoca
a cada hora del día y de la noche:
cada vez que tu cuerpo
me acoge y me rehace
para ser sólo uno ya contigo.

Sin embargo, no veo
este gran corazón con que me amas.
No sé de dónde mana su música incesante,
¡pero qué dulce es, incluso al pensamiento!
Tampoco veo el fondo de tu cuerpo

ni sé hasta dónde llega, dónde surge tu alma,
¡pero qué deliciosa me sabe tanta hondura!

Sólo veo tu cuerpo,
el cuerpo que levanto con mis brazos,
el cuerpo que acomodo en nuestra cama,
el cuerpo que conozco y siempre me sorprende,
el cuerpo en que se une el cielo con la tierra.

Tú y yo:
¡oh cuerpo único!

DISTANCIA

PREGUNTAS qué distancia
habrá entre nuestra historia
y la Historia,
la única que cuentan.

Tan sólo nuestro amor
cubrirá esa distancia
y aun llegará más lejos.

MELODÍA

Al fondo de mi valle suena el tiempo
de muy otra manera.

En la orilla del mar, en ráfagas muy suaves,
el viento me acaricia
y refresca el pasado y el futuro.

¡Qué paz en los apuntes de la apretada agenda!:
los deberes se leen y se aman
siempre que los cumplimos mirando el horizonte.

Como el niño que sigue con el dedo
los renglones de un cuento
hasta que entra la noche y se queda dormido,
los trabajos se cumplen mientras el sol alumbra
desde el monte a la playa y a todos los confines.

Cuando no alumbra el sol ya no hay trabajo:
hay un lento paseo
donde vemos distancias imposibles,
el infinito tiempo que nos queda
entre una estrella y otra.

Cuando entramos en casa,
no sabemos qué rumbo trae la noche.
Cenamos nuestro pan y nuestro vino.
Cenamos, ya en la cama, nuestros cuerpos,
hasta que nos dormimos y viajamos
hacia donde Dios quiera.

Al fondo de este valle
el mar, el monte, el cielo nos ofrecen
todo el tiempo del mundo,
su melodía íntima,
ya para siempre nuestra.

Valle de Guerra (Tenerife)

PONTE VECCHIO

¿Ves cómo pasa el Arno por Florencia,
cómo riega las flores y los frutos
de todos los amores que aquí se han consumado,
incluido el amor de tierra y cielo?

¿Ves con qué mansedumbre nos invita
a contemplar el valle y sus montañas
donde hombres y mujeres, mansamente,
nos han dejado ver tantos prodigios?

Tú quisieras vivir en este valle
que tanto amor promete hasta lo eterno.
Tú quisieras que el aire de esta hora
refrescara mi rostro junto al tuyo
en una tarde inmensa.

¡Ves el cielo y la tierra tan cercanos
dando vida a personas y montes y edificios!
Sentimos nuestros cuerpos elevándose
muy por encima aun de los museos.

El valle de Florencia puede ser nuestro valle.
El agua de su río puede darnos por siempre
la imagen de nosotros que vemos ahora mismo.

Pero vayamos antes a un valle de mi isla,
el valle de mi vida hasta el momento
de haberte conocido.

Al fondo de aquel valle ves el mar.

SEPTIEMBRE

El mar sigue gozando en su comienzo,
siempre fiel a la tierra y a nosotros.

El mundo está hoy aquí. ¿Quién se había ido?
¿Quién pensó que la muerte es la fractura
del corazón del mundo?

Nuestros pies van ahora avanzando en el agua
más unidos que nunca,
y más que nunca libres.
Nuestras piernas, pilares esculpidos
que sostienen dos cuerpos que son un solo templo
donde todo palpita.
Nuestros pechos, el arca de una alianza
por la que nuestra carne es sólo una
en medio de las olas, del lecho del amor,
incluso en la faena del trabajo ordinario.

El mar sigue gozando en su comienzo.
¿Dónde estará el final? ¿Quién lo habrá visto?

EL FINAL DEL VERANO

EL final del verano
es la mayor victoria contra el tiempo.

Viene el otoño, el lento precipicio
hacia el salto mortal de un nuevo invierno.
Viene la vida, sí, con la memoria
de haber sobrevivido a tantas pruebas
y a tantas despedidas.

El final del verano
ha sido siempre el fin de un viaje hermoso
y el retorno a un lugar
cada vez más incierto.
Alguien siempre se ha ido
sin saber quién habría de venir,
si es que venía alguien.

Pero esta playa es siempre el escenario
del mundo en su verdad más duradera:
aunque no sepa nunca qué paisajes
encontrará mi vida,
sé que el cielo y el mar no me abandonan;
sé que la luz del sol nunca se apaga
definitivamente,
sé que las olas van pero regresan.

Y aunque llegue a su fin este verano,
con tu cuerpo y el mío más morenos
no habrá ya nada incierto en nuestra vida.

EN MEDIO DEL OTOÑO

Es hermoso el otoño cuando amo,
es hermoso que el sol se ponga pronto
para que te desnudes en lo oscuro
y pueda ver al fin cuánto me alumbra
la claridad que surge de tu cuerpo.

El tiempo del otoño no se abrevia
cuando el amor se extiende por el día
y la noche sin fin. Cuando mis ojos
ven las luces del cielo y de la tierra
brillando sin final en nuestros cuerpos.

Las palabras resuenan suavemente
en la calma tan honda de estos días.
En el bullicio diurno de la calle
uno no se distrae; más bien se reconcentra
en la memoria viva de la noche anterior

y en la esperanza
de que esa noche no se acabe nunca.

Día y noche en un único equilibrio:
luz y sombra alternando en nuestra casa.
Y luz, tan sólo luz, cuando tú vuelves
y atraes para siempre mi mirada
hacia el único centro de este mundo.

MEDIADOS DE NOVIEMBRE

¡Cómo alumbra mi vida, nuestra vida,
este sol de mediados de noviembre!
¡Cómo me gusta el reino de lo frágil!
El reino que sentimos en la piel y en el alma
por muy fuertes que sean nuestros cuerpos.

Tumbados junto al mar, la luz nos acaricia:
es todo el Universo el que nos besa
y celebra su dicha en nuestra carne.
Tu corazón y el mío ya se encienden:
se acerca el uno al otro y arden juntos
hacia un mismo destino.

Metidos en el agua, la luz se hace profunda
y hace mucho más claros los misterios del fondo.
Hundimos la cabeza y exploramos.
Explorar y mirar son ya lo mismo:

contemplar la continua transparencia
de todo lo que existe y no se explica;
de lo que sólo puede celebrarse.

Nadamos en la luz de un mar en calma
que sigue acariciando nuestros cuerpos
hasta donde queramos.

Que nos queramos siempre como este mediodía:
luz frágil, siempre a punto de quebrarse;
tu suavísima mano encendiendo mis venas,
palabras al oído,
ojos que nos convocan mutuamente,
fuerza del corazón envuelta en seda pura.
Cuerpo, extendido cuerpo, rozando siempre el tuyo.

ORACIÓN DE OTOÑO

Y en medio de este otoño
sigue tu cuerpo vivo,
como la única luz que resplandece
en la playa vacía.

El sol es ya más tibio que tu rostro
fulgurando en el mar cuando sonríes.
Y la arena no enciende nuestra carne
si no fuera por ti, cuando la pisas
o te tiendes en ella: ¡terremoto
que hace vibrar y ensancha el Universo
y ensancha el corazón con que te amo
y mi cuerpo y mi alma ya sin límites!

No me duele el otoño ni el invierno,
no me asustan las fuertes marejadas:
tu cuerpo vivo es luz y fuego y canto.
Déjame acariciarlo, aunque me queme.

II

EL CUERPO DE LOS OTROS

FRENTE AL VOLCÁN DE CUMBRE VIEJA
(LA PALMA)

A Javier, Samuel y Rafa.

¿CÓMO surge este fuego
en la noche más clara de la isla?
¿De dónde y hasta dónde
levantará su llama
y extenderá sus ríos de sangre al rojo vivo?

¿Por qué se goza tanto la mirada
en el fuego salvaje que ilumina la tierra?
¿Y por qué, al mismo tiempo, duele tanto
esta luz que sepulta
las casas y los bienes de este mundo:
los hogares vecinos, el fruto del trabajo
y hasta el mismo lugar en que se siembra?

¿Qué está pasando entonces
debajo de la tierra? ¿Es tan cruel

el mundo que no vemos?
¿Puede tener dos rostros la belleza,
dos almas en litigio:
una para el que ve
la noche más hermosa en llama viva,
y otra para el que pierde entre la lava
sus paredes, su techo y hasta su misma cena?

¿Qué está pasando entonces
debajo de esta tierra, que no encajan
el goce de la vista y el oído
con la angustia en pijama de los que van huyendo?

¿Cuándo surgirá el fuego
que encienda en el amor la isla entera?

(De camino a Los Llanos de Aridane, noviembre de 2021)

PROYECTOS

¡Cuántos proyectos, Dios, cuántos proyectos!
Pero tu eternidad, si tú me llamas,
es el único don al que yo aspiro.

Mis proyectos de amor en esta vida
¿qué son ante tu Amor innumerable?
No vale calcular ni fechas ni escenarios:
¿qué será ver tu cuerpo, Dios,
junto a mi cuerpo?

Ya sé que eres Espíritu increado,
que das vida a la flor, al mar y al viento,
a toda la materia y la energía,
que es eterna tu voz y eterna tu palabra,
eterna tu mirada sobre mi cuerpo efímero,
eterno tu deseo sobre mi pobre carne.

Pero por eso mismo quisiste hacerte hombre
y en tu querer eterno jamás te arrepentiste.
Un día en una cruz derramaste tu sangre,
para que yo la beba, Señor, y me haga eterno.

Tu cuerpo ya glorioso sólo busca mi gloria:
¿por qué, Jesús, Dios mío, te empeñas en amarme?

Es lógico que piense en el hoy y el mañana,
es natural que siga viviendo en este mundo.
Pero no es nada lógico, Dios, que tú me quieras tanto
y me quieras tan tuyo como tu ser eterno.

AMIGO

Hacia la fuente del amor seguro
vas corriendo con ansia cada día.

Ya sé por qué tu cuerpo
respira alborozado un año y otro.
Ya sé que te lo lavas
desde la piel
hasta lo más profundo del goce y de la herida.

Ya sé por qué sonríes de noche y de mañana.
Ya sé que tu memoria es más hermosa
que la mejor leyenda.
Ya sé que no estás solo.

Hacia la fuente del amor seguro
caminas cada día con labios más sedientos.
Caminas y no vuelves.

Te quedas con tu amor
y, sin embargo, vives más cerca de nosotros.
Vas siempre hacia delante y no te alejas.

¿Cuándo llegará el día
en que tu cuerpo sea fuente y agua
donde bebamos todos?

PIÉLAGO

«Quiero morir en piélago de amor».

RAMON LLULL

Antes que vivir solo en esta isla,
quiero vivir, oh mar, en tus entrañas:
ahí donde están vivos, más que nunca,
todos los que se han ido de mi tierra.

Si eso implica morir, quiero morirme:
yo sé muy bien, oh mar, que será solo un paso
para vivir más hondos, más extensos,
más unidos tú y yo y el infinito.

Infinita es la fuerza con que vienes,
infinito el latido con que rompes
y me entregas tu ser en esta orilla
para que te acompañe, oh mar, adonde vayas.

Vienes desde muy lejos: ¿desde dónde?
Pero vienes entero en cada ola.

Me ensanchas la mirada y el corazón y el pecho:
¿acaso no es amor toda tu fuerza?

Me refrescas los pies, el cuerpo, el alma.
Purificas mis ojos tan sólo con mirarte.
Si en ti no viven todas las personas que he amado,
¿qué es el amor que siento cuando en ti me abandono?

Si es amor infinito lo que mueve tus olas,
no me importa morir en tu agua viva.
Es más: quiero morir, vivir en tus entrañas.
Llévame a ver el rostro del Amor infinito.

ENCUENTRO EN KINSHASA

Un niño
con sus ojazos negros
mira al sol y sonríe
ante la claridad del primer día.

Este niño
desde su rostro oscuro resplandece,
me mira y me sonríe:
en su piel vibra toda la alegría.

Este niño,
desde su piel, sus ojos,
habla mi mismo idioma y me acompaña.
No digáis que es mentira su sonrisa.

Un niño: la verdad en su piel,
la piel del mundo.
Venid aquí a encontrarla.

III

CUERPO MORTAL

LUGAR COMÚN

Un día te encontré
y me invitaste a conocer tu mundo,
y vi la diferencia con el mío.

Me alegré tanto
mirando el mundo al fin desde tu orilla,
que descubrí el amor.

Ahora cruzamos juntos cada día
el río tuyo y mío,
el mismo río
que nos llevará al mar.

NOVIEMBRE, 6.30 P.M.

Parece que el sol muere en el crepúsculo,
pero no muere nunca:
soy yo el que ha de morir ante la luz.

De ahí me viene esta pena
y una gran alegría inesperada.

VUELO

¡QUÉ ganas de volar
a lo más alto, al cielo,
hasta la misma altura de los ángeles,
yo enredado en tu cuerpo y tú en el mío,
cuerpos que ya no pesan, pues son uno!

¿Quién dijo que había un reino de la carne
y un reino del espíritu,
si cuando más me enredo entre tus piernas,
más llega el corazón hasta tu centro
de ternura infinita,
más llega el corazón en un llegar
que no termina nunca y nos eleva
muy por encima de nosotros mismos?

Mi cuerpo es sólo un cuerpo, pero el tuyo
me convierte en un hombre, y junto a ti

somos el mismo cuerpo del amor,
somos cuerpo de Dios y no morimos.

AQUÍ, AHORA

CUANDO apareces tú,
se desmoronan todos mis recuerdos.
Mejor dicho: el mundo se rehace
en su taller más íntimo.

Nada que ver la idea de tu rostro,
por muy fina que tenga la memoria,
con todo el resplandor con que has llegado.
Con ese resplandor que es sólo tuyo.

Nada que ver tu cuerpo imaginado
con el cuerpo que toco y me transforma.

Tu corazón, dirás, nunca lo veo,
¡pero cuánto palpita por mi sangre!

Y el universo me abre sus compuertas
para que explore todos sus secretos
con este fulgor propio de tu carne.

La memoria es un rayo entre la sombra,
pero cuando tú llegas brilla todo
con esta luz que no termina nunca.

CREACIÓN

Nada de lo que hacemos es preludio de nada,
porque bien podría ser que en esta ducha
con que lavo mi cuerpo y mis deseos
para salir al aire de este día,
se interrumpiese toda mi existencia
hasta quién sabe cuándo.

¿Se interrumpe la vida o se completa
cuando llega la muerte de improviso?
Cuando decimos algo,
¿estamos anunciando lo que haremos
o ya el decirlo es obra suficiente?

Y ahora que me visto con una ropa limpia,
¿es vestirse un anuncio de mi cuerpo vestido,
o es otro modo de habitar el mundo
desde la intimidad de nuestro cuarto?

No veo razón para pensar que a veces
nuestros actos no son definitivos,
pues todo lo que hacemos,
desde lavar las sábanas a unirnos entre ellas,
es una nueva creación del mundo.

POST-COVID

Para muchos el mundo no será nunca el mismo.

Para otros el miedo ha clausurado el mundo.

Para unos pocos, sólo para unos pocos,
viviremos ahora en un mundo seguro,
y en su altar sacrifican la inmensa libertad
que el hombre ha conquistado en tantos siglos.

A estos pocos pregunto por qué están tan seguros
de que el mundo será lo que predicen.

Para ti y para mí
nuestros cuerpos serán un solo cuerpo;
nuestras almas, dos polos que se atraen
y mantienen unido lo que somos.

Junto a tu cuerpo
nada ni nadie puede amenazarme.

NUEVA VIDA

PARA empezar al fin la nueva vida
hace falta morir. Hay que sembrar el cuerpo
en un surco profundo, y esperar a que allí
se pudran las palabras que sobraron,
los besos que no fueron más que besos,
las caricias más torpes que te hice,
y todas las uniones de mi cuerpo y el tuyo
que no llegaron nunca hasta lo hondo
de tu ser y del mío.

Para vivir la vida que queremos
hace falta enterrar el miedo hacia el futuro,
la prisa por cumplir con una agenda
que sólo me conduce hasta otra agenda
y me aleja de ti;
hace falta enterrar la melodía
de una canción hermosa que ahora canto

sin saber lo que digo; los nervios que interponen
un muro entre tú y yo. Y tantas otras cosas.

Por eso he de morir, aunque me duela.
Por eso he de morir y lo deseo.

Sé bien –y Dios lo sabe– que de la tierra misma
brotará al fin el cuerpo que mereces.

PARA ENTONCES

No me entierres muy hondo cuando muera.
Quiero sentir tus pasos en mi pecho.

Si tuyo he sido siempre que he vivido,
¿de quién habré de ser bajo la tierra?

Lo que quede de mí, no lo entierres muy hondo:
déjame ser el suelo que acaricias,
aunque no te des cuenta.
Si el gozo de mi vida
ha sido levantar tu cuerpo leve,
quiero seguir gozando el suave peso
con el que hemos volado a tanta altura.

Riega mis pobres restos con tu llanto:
que todo tu dolor sea vida mía,

que todo tu cansancio repose entre mis huesos
y puedas andar libre por todos los caminos.

No desentierres nunca mi cadáver:
yo no quiero que veas mi polvo y mi ceniza.
Yo sólo quiero ser lo que tú seas:
tu claridad, tu rostro, tu cuerpo irrepetible.

No quiero ser materia solamente:
si ahora soy cuerpo humano, arcilla iluminada,
barro que con tu barro ilumina este mundo,
seguiré siendo hombre donde tú estés conmigo.

No me entierres muy hondo:
quiero escuchar tus pasos cada día,
tus pasos en la tierra y en el cielo.

Allí donde vayamos.

ÍNDICE

I

NUESTROS CUERPOS

II

EL CUERPO DE LOS OTROS

III
CUERPO MORTAL

Cuerpo humano
de Carlos Javier Morales
salió de la imprenta el
15 de abril de 2024